RAZAS DE CABALLOS FAVORITOS

CABALLOS MORGAN

por Cari Meister

AMICUS | AMICUS INK

Amicus High Interest y Amicus Ink están publicados por Amicus
P.O. Box 1329, Mankato, MN 56002
www.amicuspublishing.us

Información del catálogo de publicaciones de la biblioteca del congreso
Names: Meister, Cari, author.
Title: Caballos Morgan / by Cari Meister.
Other titles: Morgan horses. Spanish
Description: Mankato, Minnesota : Amicus/Amicus Ink, [2019] | Series: Razas de caballos favoritos | Audience: K to Grade 3. | Includes index.
Identifiers: LCCN 2018002380 | ISBN 9781681516165 (library binding)
Subjects: LCSH: Morgan horse--Juvenile literature.
Classification: LCC SF293.M8 M4518 2019 | DDC 636.1/77--dc23
LC record available at https://lccn.loc.gov/2018002380

Créditos de imágenes: WILDLIFE GmbH/Alamy Stock Photo cubierta; Sara Landvogt/Alamy 2, 24; NSC Photography/Shutterstock 5; C.Slawik/juniors@wildlife/Alamy 6; Augustus Tholey, Public domain/WC 9; Melissa E Dockstader/Shutterstock 10–11; WILDLIFE GmbH/Alamy 12; Carol Walker/Minden 14–15; Mark J. Barrett/Alamy 16–17; Brittany Neveils /Dreamstime 19; Derrick Neill/Dreamstime 20–21; Tierfotoagentur/R. Richter/AgeFotostock 22

Editora: Wendy Dieker
Diseñador: Veronica Scott
Investigación fotográfica: Holly Young

Impreso en China

HC 10 9 8 7 6 5 4 3 2 1

TABLA DE CONTENIDO

UN CABALLO AMIGABLE

Un muchacho viene a la cerca. Una yegua lo ve. La yegua trota hasta él. Le **acaricia el cabello con el hocico**. Ella es muy amigable. ¡Es una yegua Morgan!

EL CABALLO DE JUSTIN MORGAN

Los caballos Morgan son una **raza** estadounidense. Todos los Morgan se derivan de un caballo que vivió entre 1789 y 1821. Su nombre era Justin Morgan. Recibió el mismo nombre que su dueño.

¿Sabías?

Justin Morgan era un caballo de granja fuerte. Podía tirar de arados y carretas.

UN CABALLO DE GUERRA

El caballo Morgan es valiente. Es **robusto**. Los líderes de la **Guerra Civil** (1861-1865) eligieron caballos Morgan. Necesitaban caballos que no se asustaran fácilmente.

CABALLO COMPACTO

El caballo Morgan es **compacto**. Eso significa que es pequeño y fuerte. Tiene patas cortas. Puede ser de muchos colores distintos. Los colores más comunes de Morgan son **bayo**, castaño y negro.

¿Sabías?

Los caballos Morgan pueden tener una franja blanca en la cara.

UN CABALLO AGRACIADO

El Morgan es fuerte y rápido. Pero también es agraciado. Tiene un cuello arqueado. Tiene ojos grandes. Cuando corre, sacude su cabeza. Levanta su cola. ¡Gana espectáculos ecuestres!

UN CABALLO FÁCIL DE MANTENER

El caballo Morgan es considerado de fácil cuidado. Es más fácil de cuidar que otros caballos. No come mucho. Es tranquilo cuando uno está cerca. Tiene patas robustas. Tiene pocos problemas médicos.

EXCELENTES CUALIDADES

A los criadores de caballos les gustaban las cualidades de los Morgan. Cruzaron a los Morgan con otros buenos caballos para obtener nuevas razas.

¿Sabías?

Los caballos de paseo de Tennessee como estos pueden remontarse a los primeros caballos Morgan.

UNA LARGA VIDA

Los caballos Morgan tienden a vivir más que la mayoría de las razas grandes de caballos. Un Morgan bien cuidado puede vivir 30 años. Algunos viven aún más.

¿Sabías?

El caballo de Justin Morgan vivió hasta los 32 años de edad.

CABALLO ADECUADO

Un caballo Morgan es bueno para muchas cosas. Es calmo en los paseos por senderos. Es bueno para tirar de las carretas. Es bueno para saltar. ¡Lo que quieras, un Morgan puede hacerlo!

¿CÓMO SABES QUE ES UN CABALLO MORGAN?

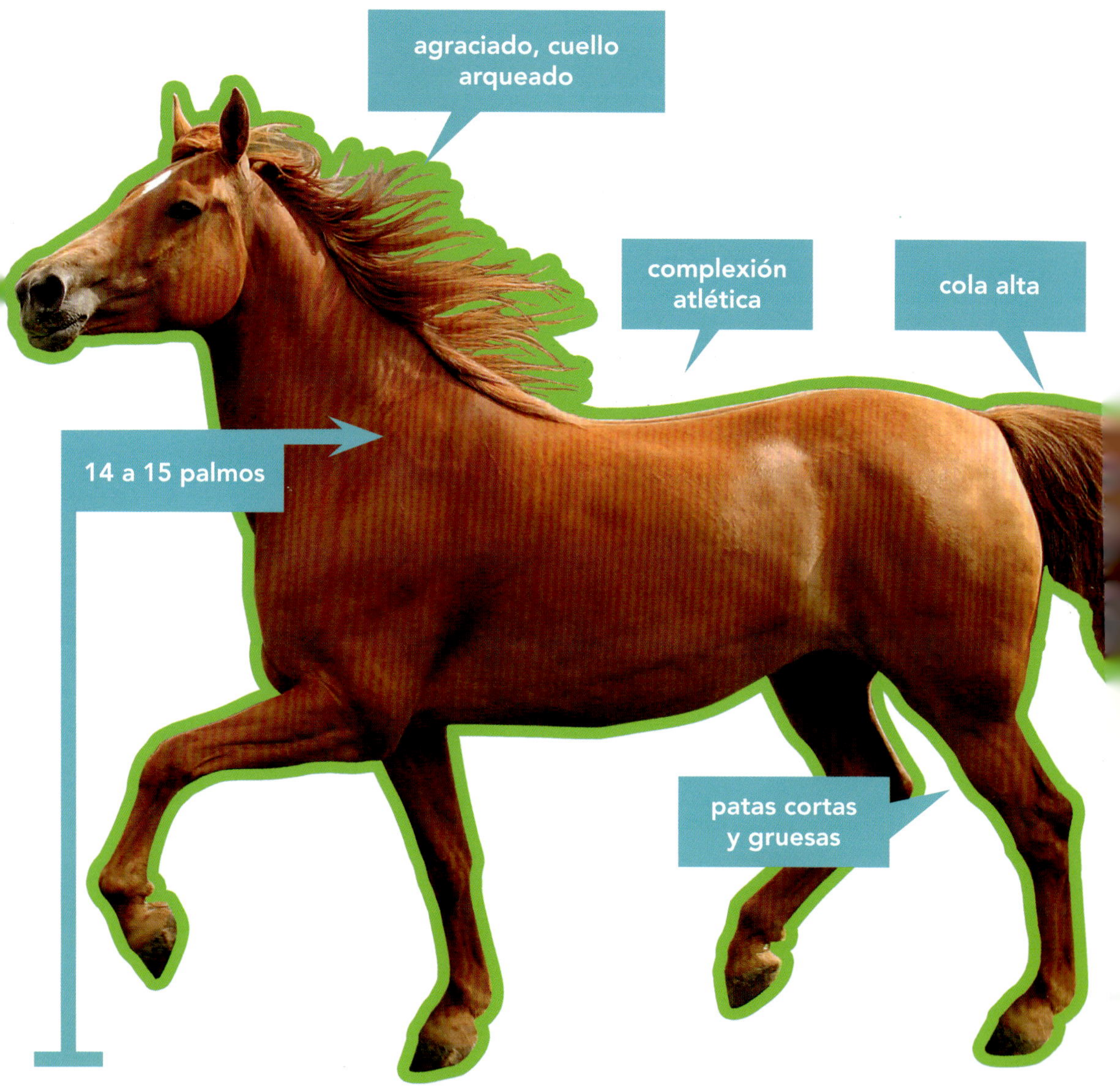

PALABRAS QUE DEBES CONOCER

acariciar con el hocico – presionar suavemente a alguien con la nariz y la boca.

bayo – un color marrón-rojizo con la crin y la cola negras.

compacto – ser pequeño y fuerte.

franja – una raya blanca en el medio de la cara de un animal.

Guerra Civil – la guerra que hubo en los Estados Unidos entre el Norte y el Sur de 1861 hasta 1865.

raza – un tipo de caballo que tiene un cierto conjunto de características y tiene ancestros de la misma raza.

robusto – resistente y fuerte.

ÍNDICE